AF417667

El girasol del caracol

Paulina Villar Fincheira

Editorial
Cofradía

Sobre la autora

Paulina Villar Fincheira nació en Rancagua en 1991. Doctora en Bioquímica de la Universidad de Chile, ha publicado varios artículos científicos en revistas indexadas como Cell Death Disease, Frontiers in Physiology y Molecular Biosciences. Filósofa y soñadora; luego de terminar su doctorado comenzó a editar sus escritos de poesía dando origen a sus publicaciones: En verano florecen los hibiscos (2022), Las espinas de las rosas (2022), Violetas violentas (2022), y El girasol del caracol (2023).

Dedicado a las segundas oportunidades.
A las vueltas de la vida.
A la sanación y al amor.

Índice

Esperando en tu umbral

Me rogará que no la deje,
que no suelte su mano y me quede con ella
por la eternidad.
Y yo que la amo tanto, le obedezco.

Quiero decirle que va a estar todo bien,
que no se deje atormentar,
que la felicidad ya está,
que nada nos puede dañar.

Vuelvo a prender la luz que resplandece,
transandino.
Sabes lo que rima,
mi vida,
el cómo fue enamorarme de ti.
Porque cuando aparezca voy a correr
llorando a sus brazos,
a enredarme entre sus lazos y en su regazo
le diré:
¿Por qué tardaste tanto?

Ya vi el futuro,
vendrá con todos sus pedazos,
y yo cuidadosamente los ataré a mis lazos.

Y todos ustedes se van a quedar atrás.
Mientras yo le cumplo los antojos.
Mientras le limpio las lágrimas de los ojos,
soy feliz hasta la punta de mi nariz.

Amanezco arrollado a su lado y me vuelve
el sol más luminoso de mercurio.
El más frondoso de los árboles.
Un novato enroscado en sus capullos.

¿Lo dije yo o fuiste tú?
El que se coló otra vez en mi inconsciente,
jugando sus piezas tan diligente,
cuando aparece el abanico por los aires,
me vuelvo sonriente.

Nunca tuvieron oportunidad,
consigo todo lo que quiero,
y te quiero.

La rebeldía

A la niña que creció conmigo y que no se
quiere ir,
que durante el día me hace feliz,
me suaviza el verso y la comisura.
La comilla entre mis riñas.

Le abro la escotilla para que juegue y sea
feliz,
para que dentro no se altere ni se quede
callada.
La voy a cuidar con poderes,
desde el más allá,
desde aquí.

A la violeta del huerto no la puedo
arrancar.
Me da finura y pureza.
La dejo brotar.

La que no quiere dejar de moverse, de
saltar.
La que no para de hablar y está contenta.
La risueña, la traviesa, a esa voy a sacar.

A la que se le enredan las trenzas, la que no
para de gritar.
Corriendo, corriendo, girando como un
trompo,
dando vueltas, revoloteando la voy a dejar
ir.

A la que no le gusta que la manden,
a la salvaje que fui.

A la niña que me hace cuestionar el modo,
la que gruñe y llora.
A la que se enamora,
ya la perdí.

Me queda la rebeldía,
la sutil marqueza.
A veces la aspereza me recuerda a la niña
que fui.

Viernes trece

Atados están mis pies a pertenencias que
no merezco.
Entre eclipses y collares,
pasan deidades,
pasan segundos y me dan las diez.

Recuerdos de mi mente carcomiendo la
masa a mi revés.
Inmersa,
veo impotente como se lo llevan.
Con lo difícil que es encontrar la alegría y el
querer.

¿Crees que no me doy cuenta?
A la belleza que baila a mi lado,
lo asustan,
lo insultan los demonios malhablados.

¿Por qué harían eso?
¿Por qué me querrían sin amor entre mis
huesos?
Disfrutan con verme triste y amargada
¿Te hace feliz verme malhumorada?

A un nivel supremo.

Un viernes trece.

Buscando amor para intentar encontrar un
sentido,
un latido,
un sarpullido que me devuelva a la vida.
Y desde la moción no correspondida,
desde la intuición,
me siguen carcomiendo los pies.

Viene el temblor y no estoy despierta ni
segura.
Me envuelve la locura en un maldito viernes
trece.

Un quizás sí y me encuentro demasiado
cansada,
agotada para empezar otra vez.

Anochezco
Ahora estoy un tanto inquieta, con más frío
que emoción.
Sin espacio para la ilusión,
se me esfuma la razón.

Y lo que desde el alma había aparecido,
entre tristes siluetas tres tristes tigres comen
trigo a las diez.

Me persigue un viernes trece y no logro
zafarme de su poder.
Me ahogo en falsedades,
en actos sin bondades cada vez que el
amor me toca los pies.

Se me nubla la hermosura, porque no es él.
Y para retrasar la entrada, tres tristes tigres
comen trigo otra vez.
Pero mi amor se le escapa,
y con el agua hasta los tobillos,
me quemo en la fogata de azúcar y
desvelos,
pierdo el consuelo;
se niega a aparecer.

Las luces me revivieron.
Entre tambores y redobles,
almas blancas adormecieron el fuego,
como extintor de bombero,
hasta lograr la paz, el respeto,
más tigres de hielo.

Demonios van, demonios vienen.
Están muy cerca bailando,
entre tambores y redobles,
los voy matando.

Mi dulce viernes trece,
¿no ves que sola me voy quedando?

Mi amado viernes trece.
Quillay, ¿Te llamo?

Quillay

Está escrito todo en un simple texto.
Cuando veo el Quillay de mi jardín,
amanezco.

Entre más fuerte respiro, suspiro.
Hilitos de plata por mi destino.

Matices se levantan,
mi mente enloquece.
Endemoniada.
De la corteza a la entereza.
Se me sube a la cabeza todo el tiempo que
te di.

Me refugio en la sombra,
y me asombra,
hasta dónde puede llegar el alba.

Dime,
¿dónde estás para ir a buscarte?
Que si no sano, vago.
Me queda cubierta el alma de gris.
Que si no corres, nado, pero siempre tras de
ti.

Por las mañanas.
Me devuelve la cordura y con todas sus
anchas,
amanece el quillay de mi jardín.

Primavera en mi camino.
Hilitos de plata por mi destino.
Quillay, si me tratan de loca, usa tus ramas.
 Quillay, si me falta la nota…
¿Te llamo?

Te amo Quillay.

Flotando en carmín

Los viajes son por algo,
hay que hacerlos me dijo un espejo.

Por eso me embarco en la noche
estrellada,
consciente del naufragio,
la ola me lleva, sigo fluvial.

Miles de ofrecimientos en las paredes,
y entre luces veo más seres,
algunos a iluminar.

Almas añorando vacío.
Añorando apoderarse del mío;
y a punto de emprender el vuelo,
sigo flotando en carmín.

Distracciones tras distracciones.
Intentando sentirme viva y joven de nuevo,
sin una pizca de sal de mar,
doy un paso al trampolín y los dejo atrás.

Sin preocuparme del reloj vuelvo al instante
perfecto.
Saltando por ahí me elevo con los brazos,
pero la espalda me truena;
la cuenta me frena.
Y yo queriendo amar por ahí.

Intentando desviar las curvas se me pone el
pelo rizo,
con las manos, magnetismo,
y en diferentes velocidades,
me acerco al fin.

¡Cariño, sigo asustada flotando en carmín!
Y la gente me llama y me llama.
Envuelta en satín.

Sin vacilaciones, me llora la mirada.
La varita la dejé en melodías.
Mi fulgor entre montañas.

¡Cariño, muero lentamente,
me sangra la herida!
¡Si no tengo amor estallo en agonías!

¡¿Qué más da?!

Suspiro y me hundo en el líquido.

Adiós María Sayonara.

Mi cordura

Puedes pensar cualquier cosa, me tiene sin
cuidado.
Ya no importa, mi cordura se ha acabado.

Todo lo que desencadena tu actuar
conlleva una arbitraria forma de amar.
Conmigo, pero distante,
absorto entre turbantes.
Sin la piel poder tocar.

Tú crees que ya no la tengo,
que he perdido la entereza,
mi figura y naturaleza,
que mi cordura se ha derramado.

Piensa lo que quieras,
no es de mi incumbencia lo que te está
pasando,
sigo sintonizando mi cordura,
me quedo con mis movimientos,
con mi ternura.

Cariño, a veces pierdo la hermosura al
quedarme esperando en tu umbral.
¡Y no apareces!
Sin ti, ¿cómo voy a vivir?

Exhausta de la situación le digo adiós.
Pero cuando vuelve y lo siento toser me da
pena.
Mi dulce condena.
¿Y ahora con mi cordura, qué hago?

Ya no importa si ahora fuera del planeta me
encuentro.
Lejos del tiempo.
Anochezco.
Crezco.

Saco la maleza

Cuando mi norte se pierde en la espesura.
Cuando comienza a crecer todo en mi
interior,
pierdo el estribor,
no logro alzar la vista,
el ímpetu y la pasión se apoderan de mi
cabeza.
Adquiero torpezas.

Sintiendo el universo entre mis manos se me
encorva la postura.
Se disuelve la hermosura.
Y la arena se cuela sin querer.

¿Será porque no lo soñé lo suficiente?

Saco la maleza.
Arranco la rabia para despejar mi molino,
a ver si recupero el camino que cubrió la
hierba con bosquejos,
con bostezos, aparto las hojas de los pinos.

Su extensión me cubre de vendas.
Me limita.
Y el cálculo empieza a acontecer,

a darme asperezas, al precipicio del vacío
sin caer.

Ayer era el momento.
Lo deseé con todos mis poderes,
pero obtienes lo que quieres cuando ya
quieres más rebanadas,
torrejas bien cortadas para tomar del dulce
té.

Despojo las raíces de mi interior para limpiar
mi alma del pasado.
Profundizo y arrastro el lodo hacia un
costado,
bien lejos del jardín.
Y así, para que crezcan azucenas por
centenas
me dispongo a tocar mis cuerdas, mis
antenas.

Siento si no digo nada,
en silencio, callada.
Quiero estar tranquila y amada.
Y por eso, saco la maleza.

Los tres árboles

¿Qué será?
Cada vez que tropiezo aparecen tres
árboles.
Me dan viento, me hacen pestañear.
Comparten lo que pienso, mi andar.

A veces me han visto llorar,
A veces, como si nada.
Cuando mi mente no puede dejar de
cantar,
aparecen meciendo sus alas.

Yo me pregunto ¿qué será?
¿Por qué el suelo se ve tan castaño?
¿Por qué me entristece la soledad,
si cuando aparece también avanzo por los
años?

No sé bien en qué idioma hablan,
solo que los conozco hace un tiempo.
Figuras gentiles. Guardianes blancos.
Tres árboles calmos.

Me rodean entre sus brazos,
dispersos en sonidos,
me besan, me aman,
y yo que solo buscaba la sombra,
me quedo rendida entre sus ramas.

Porque los conozco

Porque los conozco escondo mi trago,
de un sorbo se lo van a tomar.
Desde el codo a las canillas,
desde la pampilla al glacial.

Me dejan mejor arriba de la bicicleta,
me dejan descansar.
Me cuidan mejor, me dan paz.
¿Respetan mi andar?

No estoy aquí porque quise,
aún estoy lejos del mar.
Cuando lo veo se me olvida lo triste o me lo
recuerda un poco más.

Estoy más cansada cada vez que siento la
energía.
Me pesa, me deja un tanto a la deriva.
Un dolor impregnado que les veo andante.
La angustia flotante que tensa y dejo atrás.

No me odien si me vuelvo más ermitaña.
Saben que no es personal.
Son los años de esclavo.
Me arrugan,
y ya no quiero hablar.

No me juzguen si me ahogo en soledad,
no me odien, quiéranme no más.

Porque los conozco también los quiero.
Y como si nada me importara, disminuyo el
ritmo y me elevo.

Respiro cariño.

No me vayan a vender como una rosa
cualquiera,
como una mariposa pasajera,
sin aroma, sin primavera,
mira que se extinguen las estrellas que me
rodean.

Aquí es donde me tengo que desenvolver
con soltura,
donde encuentro mi hogar,
donde puedo recitar.

Y se me nota en la mirada lo cansada,
pero igual que ayer,
y aunque me entristezca,
la decisión que tomé sigue en pie.

Me duele perder.
No sé si me alejo o me quedo.

Porque al caer la noche,
entre abismos,
más vale diablo conocido que diablo por
conocer.

Domingo

Me desperté un domingo alborotada.
Un tanto agitada pensando en cómo la
vida se alza.
En cómo seguir el rastro en la mañana.
En volverme tu frenesí.

Es que ya he explorado varios mares,
muchos vientos corren por ahí.
Cansada del desgaste,
de las herramientas del vigilante,
de las cámaras enfocando detalles,
y de las prisiones, me aburrí.

Un sol flotando en liviandades y tu mano
suavemente atrayendo mi cintura.
Te voy a amar con tanta locura,
hasta ver tus ojos perderse en mi espesura,
en los confines de las letras, de las lunas.

Otra vez perdí la llave de todas las
posibilidades.
Otra vez no tengo ninguna pista.
Solo, un Domingo.

¿Y ahora cómo la encuentro?
Si las masas lo vuelven violento.
¿Y ahora cómo revivo el momento?
Sin un cuento, sin un texto.

Si estás leyendo esto, ¿podrías quedarte
cubriendo mi espalda?
Una exageración y me vuelvo corriente,
más dócil, más sonriente.

Así quiero quedarme siempre amarrada a
tu ombligo.
Sintiendo tu latido sonando junto al mío,
más menguantes, más fundidos.

Y aunque sean unos segundos,
aunque dure una canción,
me vuelvo demente de repente,
me dejo llevar y te entrego mi corazón.

Solo quédate conmigo.
Sé mi amigo, sé mi abrigo.
Te voy a amar como nunca te han querido.
Te haré olvidar cómo se pronuncia el
silencio y el olvido.

Y hasta entonces,
espero que me encuentres entre tanto
tumulto de gente,
entre sermones, entre serpientes...

Espero volver a verte.

Jager

Me había resignado a mi destino,
a caminar en soledad,
vigilada,
nunca amada.

Y de pronto te vi,
perturbado,
mirando a todos lados,
hasta centrar tu mirada en mí.

Nunca imaginé que podía ser tan feliz
entre la compañía de amigos,
durmiendo a diario contigo,
(digamos durmiendo)
y siendo tu amigo.

Cómo puede existir alguien tan bello,
tan perturbado y sereno,
confuso
y contento.

Y qué emoción la primera cita.
Me sentía una princesa.
Como nunca me había sentido,
un carruaje y un destino.

Era tan fácil quedarme a tu lado,
tan simple el respirar.

Y qué felicidad verte comer
tan hambriento.
Sentir que era parte del equipo,
arroz con plátano,
fideos en un tiesto.

Oscuros rodeando al mar,
y qué felicidad saber que me esperabas,
que tu presencia espantaba a los
demonios
que por las noches me abundaban.

Aferrada a un índice
contigo fui tan feliz.

Agradezco tus besos,
tu sencillez, tu juventud y vejez
revuelta entre mis dedos y desnudez.

Contigo nada me duele,
cuando pienso en ti tengo amor,
risas, locuras,
lo tengo todo.

No me quiero alejar.
No me vayas a dejar por ahí sin protección,
que los demonios me rondan y no tienen
compasión.

A veces creo que eres parte de un sueño
que tuve antes de conocerte,
el bosque y los chicos,
sentados mirando los árboles crecer,
y tú siendo mi roble,
tú esperando no sé qué.

Los necesito.
Los quiero y me aferro.

No me quería despedir,
no te quería dejar.
Pero la vida se alza ante mis ojos.

El tiempo pasa y pasa, y el freno no pude
pisar.

Perdón por adelantarme en nacer,
no sé cómo pasó,
pero terminé aquí,
una vez más con el alma cubierta de gris y
sin ti.

Ya vi esa mirada

Ya vi esa mirada,
no necesitas decir nada.
La he visto ir y venir por diferentes caras.

Muy raro, como si todos me observaran,
me conocieran o me quisieran.
Es muy raro.
¿Qué está pasando?

Más raro.
La persona que los tiene que complacer.
El payaso del circo,
vamos, baila,
haz una pirueta otra vez.

¿En qué momento pasó?
Me convertí en un espectáculo,
juzgable,
a veces,
adorable.

¿Acaso te di mi aprobación?
¿Estás consciente del daño que haces sin
fundamentos,
sin argumentos?

Yo misma.

Mejor ponte en mi posición, no estoy
ganando nada con tu mirada,
solo siento una desagradable sensación de
ser observada.

Por eso elijo ser parte del juego de la
intocable,
la esposa flameante y esquiva,
para sentirme protegida de esa mirada
tuya,
sin amor, sin valías.

Quiero encontrar otras miradas,
de comprensión y cariño,
de amistades fuertes,
de mentores de otros siglos.

Sigue tu camino que no estoy molestando,
sigue caminando,
mirando al horizonte, a los montes.
Mientras yo me alejo de tu vista y sigo
soñando.

Sigo soñando

Entre cascadas azuladas sigo respirando.
Aunque mis pulmones inhalen el llanto,
sigo soñando.

Los planes cambiaron de golpe,
y sin un soporte,
intento dejar mi cara quieta;
cometas pasan por los cielos cuando
oculto mis momentos.

Siempre fui honesta.
Ustedes lo sabían.

Pero qué osadía decirme que mi risa
oscurezca,
si no me río voy a terminar mis días
descolorida, perdida.

A veces yo tampoco puedo conmigo.
Sigo respirando.
Sigo jugando.
Limpiando.
Mejorando.

Creo que cada uno tenía un objetivo,
un dilema o un teorema para probar un
sentido.
¿Y qué asunto fue tan importante
para dejarme el pelo desteñido?

Hago el balance: podría haberlo hecho
mejor.
Pero las redes se tejen intramables,
y de forma cobarde se tejió a mi alrededor.

A pesar de que ya sabía lo que ustedes
estaban urdiendo,
me aferraba al hecho de seguir tejiendo,
de dar vuelta el marcador.

Podría quedarme como robot repitiendo
libretos,
simulando,
actuando.

Lo haría si me lo pidieran.
Aunque mi fuego empequeñece,
aparece,
mi instinto, mi impulso de meses.

Me topé con tantas abejas,
que no supe qué hacer en colmena ajena.

Y así, un aguijón cualquiera, me lo
arrebató.

Estaba destinada a ser la mejor,
pero el cansancio y la presión me llevaron a
su vil trampa.
Y estupefacta, miro hacia atrás y aprendo
la lección.

Todo en la mira,
todo bajo control.
¡Si no obedeces mis motivos,
me vengaré de tu actuación!

Se me nubla el pensamiento,
se me derraman los focos.
La rabia y la decepción.
La desolación.
La desilusión de sentirme segura,
y ahora más oscura,
lamento que no me necesiten y me dejen
partir.

Admito mi error.

¿Y ahora cómo hago para seguir
soñando?
¿Amor, estás ahí?
No me digas que es un sueño.

Mejor ni hablar de ciertas cosas.
Mejor me quedo escribiendo,
sigo respirando,
más lento.
Sigo soñando.

Arenas del tiempo

Conociendo la certeza de que todo pasa
por algo,
me adelanto,
y las arenas del tiempo caen más veloz por
el cristal de mi voz.

Miro a mi alrededor y no encuentro nada,
solo delirios y recuerdos.
Nada como el amor mío.

Si siempre consigo lo que quiero,
¿Por qué aún no tengo amor entre mis
dedos?

Sumergida en las tinieblas,
me tiemblan las piernas,
me cuesta tomar el rumbo,
sin un reflejo a mi lado,
azulado,
se queda mi prospecto.

Pero pienso que todo pasa por algo.

Si intento planearlo todo;
me canso.
Sin el aroma de tu cuerpo;
no avanzo.

Pero estabas tan enojado,
el incendio en tus ojos como metralla,
más batalla.

A mí la rabia me dura un segundo,
y se me disuelve en la mirada,
o con el llanto.
Respiro y la acumulo,
luego la suelto en bondad,
en canto.

Nadie la va a tocar,
es solo mía.
Ojalá alguien me tocase el alma mía.

Se me consume el mundo pensando en
cómo decir mejor las cosas sin que
salpiquen las palabras.
Para ti, hermana.

A veces mis gestos se vuelven extraños,
y con los años,
van pasando las trabas.

Enredada entre signos, por los siglos de los
siglos,
bajo una luna gris,
me quedo allí.

Lo siento.

Pajarito

Pajarito, perdona si te uso para sentir,
se me fue lo que me motiva,
mi impulso, mi vida.

A veces vienes, a veces vas.
Pasajero,
sin saber tu paradero,
sin tu puerta poder tocar.

Pajarito, ¡apiádate de mí!
Déjame intentarlo.
Me puedo adaptar a tu andar,
y si me llevas siempre de la mano,
te besaré al despertar.

Si abres tus alas no te olvides de mí,
y de mis árboles.
Pasamos juntos las tempestades,
volando como colibrí.

Ayúdame a olvidar, pajarito.
Y también a recordar más cosas,
más lindas, más luminosas.

¡Ay, pajarito
que se acabe la explotación!
Ay, pajarito,
intento elevar mi corazón.

¿Cómo voy a nadar si no te calmas,
si las olas me desarman?
Y aunque me asuste, me ofusque,
no voy a dejar de mover las alas.

No quiero ser la persona que aleja a todo el
mundo,
que se hunde en lo profundo,
solo para que tu paz pueda existir.

Sigo contando los segundos,
y aunque de ti no obtengo ni una palabra,
¡Ay pajarito, no te alejes de mí!

Imploro para que se mueran mis demonios
Luego el mar borrará mis deseos,
mis desconsuelos;
y en lo absoluto,
a los agujeros de mi mente les doy luto.

Me lo dijo un pajarito.

Y de pronto la vi caminando,
y quise estar a su lado.
De pronto la vi llorando,
y quise abrazarla demasiado.
De pronto la vi leyendo
y supe que era todo lo que quería.
Un peldaño más y la tendría
a mis pies rendida.

¿Lo dijiste tú?
Entre susurros y melodías.

¿En serio?
Que, si lo hubiese sabido,
otro pajarito cantaría.

El fantasma

A veces creo que amo a un fantasma.
Mis visiones, mis libros por los aires.

¿Será por mis penas que veo difuso?
Marcas de agua en mis billetes,
en mis aretes,
más perlas al pasar.

No sé qué hacer para que aparezca.
Lo llamo y no regresa.
No sé qué hacer para estar a su lado.
Y ahora, ¿qué hago?

¿Me encierro para siempre y te espero,
o me encuentras en la calle,
o qué?

¡Dime, que desespero!

A veces deseo la muerte para verlo al final
del túnel,
o la muerte para borrarlo al fin.

¡Ay, qué va a ser de mí!

Y para no amar al aire,
para no sabotearme:
florezco.

¿Será que es mi cordura la que me falla?
¿Será que es mi cabeza la que en fantasías
estalla?

¿Dónde estarás corazón?
La lejanía.
Me obligo a dormir para verte en mis
sueños,
para volver al lugar donde somos felices,
para volver al jardín.

La locura, mis visiones,
nuestro imperio, las canciones,
todo se mezcla en un gran supuesto,
en un gran porvenir.
Un fantasma aparece en mi frente,
en mi costado,
vigilando lo que hago.

Lo siento a mi lado susurrando,
caminando cerca.
Y en mi cabeza,
me habla, me cela,
pero aún no me besa.

Y cuando la luna mece menguante,
más melodramas en cada instante.

Inviernos, infiernos.
Incondicional,
pero ahora me quejo.

Hay ciertos puntos de los cuales quisiera
hablarte
creo que ciertos delirios me quitan mi brillo,
mi dulzura, mi aliño.

No me agrada cómo me hace sentir lo que
veo.
Y en silencio, anochezco.

¿Qué pensó tu imaginación para dejarme
sola en el vagón?
¿Qué fue lo que te faltó?
¿Verme pagar el precio
o por diversión?

¿Quién crees que soy?
Una mascota, un juguete de tu colección.
¿Cuál es tu intención?
¡Aclarémoslo!

Hay algo que te aleja de mi corazón.
¿Mi serenidad no fue suficiente para ti, mi
amor?

Te convertiste en un fantasma.
Me quejo en mi interior,
me enfermo.

Ya no te aparezcas, fantasma, sin un
cuerpo real.
No acepto ilusiones en vano.

Sabes que una parte de mí siempre te
amará,
recordando lo mejor que me diste.
Sabes que te amé con todo lo que tenía,
con mi pasión desmedida.

Y en un lugar seguro donde volverme
violeta,
se esfuman las caretas y puedo ser yo sin
grietas.
Mi alma ya no se rige en radianes.
Ahora estoy caminando por otro sendero,
por un bosque, un estero.

El tiempo suavizó mi acorde, mi voz.
No hay odio en mi pálpito,
te lloré hasta el infinito,
y una nueva paz apareció.

Acepto la realidad.

Soy un ángel caído del cielo,
aunque me mimetice entre amonios,
sigo siendo una flor sin velo.
Amé por mucho tiempo a un fantasma,
pero ya estoy acostumbrada a eso,
al amor sencillo,
al respeto.

Y yo que no me canso tan fácil,
y en desventaja.
¿Qué podías hacer más que amarme?

Mi alma adquirió otras entonaciones.
La flor floreció,
de todas los hojas secas,
un brote,
un amor,
llevándome por nubes de algodón.

Avanzo hacia la escarcha.
Rayas invisibles me frenan el aliento.
Y contento,
a veces apareces como un fantasma,
a veces, tan solo a veces,
dispuesto a ceder.

Ya no te aparezcas fantasma sin tú cuerpo
real.
Lo siento, fantasma,
pero estoy buscando algo que pueda
palpar.
Aprendí la lección y creo que ya no voy a
llorar.

Visiones pasan por mi mente,
y de repente,
vuelvo a implorar que vuelvas.
Aparece, por favor, que algo se impregnó
en mis huesos.
Que cuando respiro, te pienso.
Que cuando veo pasar el día y llega la
noche,
a tu lado me quedo, fantasma.

¿Y entonces qué hacemos?
¿Te vuelves real o qué?

Y pasajero, aparece el fantasma otra vez.

No llores, que haces llover.
No llores, ¿vamos a comer?

¿Qué será fantasma?
Hay paz en mi corazón.
No te enojes fantasma.
Pasó lo que pasó.

Te sigo eligiendo por una extraña razón.
Si quieres que todos los poemas sean para
ti,
también te lo concedo.

Genio.

Cuántas veces me he despedido ya,
y siempre regreso.
Porque no saben la paz que se avecina
cuando complazco al fantasma,
contento por ganar,
me da más paz.

Y con la certeza de que siempre voy a estar
a su lado,
más feliz se vuelve,
más real.

Estoy enamorada de un fantasma,
pero ya no quiero un fantasma,
te quiero a ti.

Mi alma

Amor,
siempre supe que nuestras vidas estaban
destinadas,
no preguntes cómo,
pero imágenes de nuestros días vienen a mí
por las mañanas.

Ya no distingo el tiempo.
¿Por qué no respondes mis textos?
Dime porqué estás enojado, corazón,
para poder cambiar el cuento.

Amor,
lo que pasó, ya pasó.
No me importan los pretextos.
No te voy a pedir explicación,
solo arrímate a mi cuerpo.

Yo no quiero odiarte, quiero amarte.
Y en mi impotencia armo descartes.
En mi despecho pierdo el rumbo,
sin saber cuál es el asunto o qué es lo que
tengo que hacer.
Me pierdo otra vez.

Nuestros leños están ardiendo,
llamas consumiendo lo lindo, lo bueno.

Solo quiero volver a los momentos felices,
crear nuevos matices.
Olvidar el pasado a tu lado.

Lloro a veces de impotencia,
por no saber cómo abordarte,
si lo único que haces es alejarte y alejarte.

No me dejes sola en este mundo hostil,
caminante.
Aunque se me doblen los pies,
quiero encontrarte.
Para volver abrazarte como nunca te
abracé.
Para amarte.
Como nunca te amé.

¿Qué puede salir mal si te tengo a mi
costado?
Tanta paz.

Quiero darte más,
más amor del que te di entonces.
Ahora quiero explotar.
Sin desgastes,
ver nuestros destinos volar.

Envuelta en jazmín.
Somos libres,
ligeros como plumas,
amándonos al fin.

Y entre las arenas del tiempo el amor se
siente,
fluye como vertiente.
Me quemo en fuego cada vez que te veo.
Me alzo en frenesí.
Entre más violeta me vuelvo, más me
quemo.
Me pego a ti.

Juntos somos más hermosos,
luciendo bien, más preciosos.
Con el girasol de mi jardín soy el caracol
más dichoso.

El amor dirige nuestros pasos,
no tengo mucho qué hacer.
Cuando dejaste de hacer maletas, yo dejé
de anochecer.

Amanece.

Somos felices frente al mar,
y sin antifaz,
aquí me quiero quedar.

Luego de tantas historias,
de hazañas sin gloria,
de la espera,
el caracol ha regresado.

El girasol recupera su brillo,
y con cariño,
encuentra su hogar.

Editorial Cofradía